Mundo Dentro

Ana Claudia Quintana Arantes

Mundo Dentro
poesia de sobrevivência

Copyright © 2022 por Ana Claudia de Lima Quintana Arantes

Todos os direitos reservados. Nenhuma parte deste livro pode ser utilizada ou reproduzida sob quaisquer meios existentes sem autorização por escrito dos editores.

seleção e organização dos poemas: Pascoal Soto
preparo de originais: Sibelle Pedral
revisão: Hermínia Totti e Priscila Cerqueira
projeto gráfico e diagramação: Natali Nabekura
capa, ilustrações de capa e miolo: Renata Polastri
impressão e acabamento: Santa Marta

CIP-BRASIL. CATALOGAÇÃO NA PUBLICAÇÃO
SINDICATO NACIONAL DOS EDITORES DE LIVROS, RJ

A683m

Arantes, Ana Claudia Quintana
  Mundo dentro / Ana Claudia Quintana Arantes. - 1. ed. - Rio de Janeiro : Sextante, 2022.
  144 p. ; 21 cm.

  ISBN 978-65-5564-509-5

  1. Poesia brasileira. I. Título.

22-79847   CDD: 869.1
                                     CDU: 82-1(81)

Meri Gleice Rodrigues de Souza - Bibliotecária - CRB-7/6439

Todos os direitos reservados, no Brasil, por
GMT Editores Ltda.
Rua Voluntários da Pátria, 45 – Gr. 1.404 – Botafogo
22270-000 – Rio de Janeiro – RJ
Tel.: (21) 2538-4100 – Fax: (21) 2286-9244
E-mail: atendimento@sextante.com.br
www.sextante.com.br

Para quem mereça amar a poesia

❦

Se você já tem o hábito de ler poesia,
encontrará aqui algo inesperado.

Se você acha que "não entende poesia",
ou não tem familiaridade com ela, este
livro contém uma descoberta.

Apresentação

De como a poesia me salvou

Dizem que para fazer poesia é preciso descer ao inferno ao menos uma vez. Ouvi essa frase inicialmente num vídeo sobre a experiência de uma professora de literatura, Cristina Domenech, que trabalhara a poesia dentro de uma prisão na Argentina (a palestra se chama "Poetry that frees the soul", poesia que liberta a alma, e pode ser encontrada no YouTube).

Cristina falava sobre como a poesia se tornou uma chave para que o inferno daquele lugar se tornasse suportável. E assim também se deu na minha vida. Desci ao inferno incontáveis vezes e voltei para escrever poesia. As palavras se transformam em caminhos seguros para elaborar o que me faz sofrer em níveis sufocantes, e mesmo que haja muitos infernos por este mundo, que podem ser considerados piores ou melhores, a experiência do sofrimento é algo extremamente pessoal e intransferível.

Posso existir através do que escrevo e me encontro na escrita sendo capaz de ser maior com o que eu escrevo. A poesia tem o poder de não fazer nenhuma restrição de palavras. Na vida podemos ter muitas palavras proibidas, como alegria, felicidade, coragem, esperança. Palavras que não pronunciamos por causa da realidade avassaladora que asfixia e oprime o coração de quem busca a liberdade. E a poesia nos traz a chave da liberdade. Tem um lugar dentro de nós onde a liberdade existe e se torna acessível. Onde há segurança, onde a vida se manifesta.

Mas não somente segurança. Se, mais do que sobreviver, pretendemos evoluir neste mundo, precisamos da beleza. Precisamos saber que ela está presente na nossa vida, ao alcance do olhar, da escuta, do tato, do paladar. Ouvir, ver, sentir a beleza na vida nos aproxima do mundo que consideramos seguro e habitável. A arte nos oferece isso em todas as suas dimensões. A música, por exemplo, nos atinge e nos transforma, intervindo em territórios dentro de nós sobre os quais não temos nenhuma forma de controle. A emoção que brota ao ouvirmos uma melodia mostra cotidianamente que temos muito a aprender sobre o nosso mundo de dentro.

Porque dentro de nós há um mundo.

E esse mundo é habitado por palavras e pensamentos.

Quando em correnteza, palavras e pensamentos nos atravessam como um rio profundo que flui sob a nossa cama, no meio da cozinha, perto do portão de casa, na rua onde caminhamos todos os dias sem prestar atenção no número de passos que damos até chegar ao nosso destino. Provavelmente nunca contamos quantas passadas existem entre a porta da nossa casa e o quarto onde nos recolhemos para o descanso.

Da mesma forma, pouco sabemos das distâncias que temos de percorrer dentro de nós para chegar aonde mora a nossa essência, aonde dorme o nosso sonho de sermos quem nascemos para ser.

O filósofo sul-coreano Byung-Chul Han tem uma frase que me mobiliza e me transporta ao propósito do meu trabalho e da minha escrita; ao que, de certa forma, nasci para ser:

"É a tarefa do escritor metaforizar o mundo, ou seja, poetizar. Seu ponto de vista poético descobre as ligações ocultas entre as coisas."*

Se assim é, posso dizer que tenho cumprido minha tarefa a cada frase que busco para resumir ou traduzir este cotidiano em que habito.

Então, desde muito jovem, faço poesia para sobreviver. A poesia trouxe alento aos meus dias e noites, nem sempre feitos de paz ou de segurança.

No princípio do aprendizado das palavras eu tinha o encantamento de construir a chance de ser compreendida e de compreender o mundo. Os primeiros encontros com as letras se deram no colo da minha mãe, quando eu era bem pequenina: ela escrevia o alfabeto num pedaço de papel de pão e com ele desenhava meu nome, o dela, o do meu pai, o da minha avó. Eu apontava cada letra e ela ia me falando o som. Se fecho

---

* *A salvação do belo*, de Byung-Chul Han, trad. de Gabriel Salvi Philipson (Vozes, 2019).

meus olhos, a saudade me faz lembrar da voz dela dizendo A-N-A...

Que abençoado este momento em que decido contar a você de quando aprendi a me encantar com as palavras. Porque esse apaixonar-se construiu uma ponte que me levou aos caminhos dentro de mim.

Recentemente, durante a mudança de casa, encontrei um diário da minha mãe. Um diário que ela escrevia para conversar com Deus, com as preces que fazia para a própria vida. Um dia escreveu pedindo a graça de fazer "madureza". Para quem não imagina o que seja, madureza era um curso supletivo que abreviava o tempo de estudo para adultos que não conseguiram cumprir o programa de ensino da escola. E ela escreveu que queria fazer isso para ser feliz. Minha mãe considerava o estudo um caminho para ser feliz.

Foi com ela que aprendi essa alegria.

Do tempo de compreensão das letras e das palavras surgiu uma linda cura para mim mesma, algo que eu só perceberia em sua inteireza muitos anos depois.

Foi assim:

Quando eu me descobri habilidosa em lidar

com a dor e o sofrimento humano diante do tempo de finitude, da morte e do luto, acabei afundando numa crise existencial significativa: como eu, sendo médica, formada com base na ciência da melhor qualidade para tratar e cuidar das pessoas para que ficassem curadas e saudáveis; como eu, cujo papel era manter a morte o mais distante possível; como alguém assim podia sentir tamanha paz em lidar com os tempos nos quais acontece exatamente o oposto disso? Como eu, alguém que aprendeu a ser leve, cheia de alegria e energia, bem-humorada e até engraçada, conseguia se apresentar tão bem diante de pessoas que estavam vivenciando tanta dor e tanta tristeza?

Abriu-se então mais um dos vários motivos que me levaram a buscar terapia. Muita inquietude, angústia, insônia, muita dúvida. Medo, insegurança, muitas lágrimas, silêncios, peso nos ombros. A resposta não chegava, mas a pergunta se renovava a cada dia. Eco imenso dentro de mim: por que eu faço isso? Por que sou assim?

Eu entrava sempre em um site onde o Rubem Alves escrevia. Lá ele me apresentou a Adélia Prado, dizendo que ela sabia escrever coisas que "ele não sabia que sabia". Precisei de apenas minutos para descobrir e comprar o primeiro livro de Adélia, *Bagagem*, publicado em 1976. Nesse livro encontrei uma poesia de dois versos chamada "Toada". Esta aqui:

"Cantiga triste, pode com ela
é quem não perdeu a alegria."*

Em 1976 eu estava na segunda série, hoje terceiro ano do ensino fundamental, apenas começando a aprender a construir frases. E Adélia Prado já tinha escrito a frase que me curaria da dor de não compreender o motivo pelo qual acabei desenvolvendo uma grande habilidade para cuidar do sofrimento humano. Só posso lidar com a cantiga triste do tempo da finitude porque não perdi a alegria.

Tomada por essa compreensão, tive alta da terapia com um sorriso banhado em lágrimas que lavaram meus olhos e me permitiram ver o que eu não sabia que já enxergava. Às vezes a cura pode nascer muito tempo antes de chegarmos ao adoecimento.

Eu li esses versos em 2005, quase trinta anos

---
* *Bagagem*, de Adélia Prado (Record, 2003).

depois de Adélia tê-los escrito. Foi quando eu descobri que poesia é vida.

E estes poemas que entrego aos meus leitores, sejam leitores recém-chegados, sejam aqueles que me acompanham desde meu primeiro livro de não ficção, *A morte é um dia que vale a pena viver*, são um pouco da vida que vivi até este momento. Afinal,

Sem poesia, a vida seria a morte.

Esse é um dos versos mais bonitos que já escrevi.

Sem poesia, minha vida seria a morte da vocação que me habita.

Este livro se pretende mais do que um livro de poemas. Se para mim poesia é sobrevivência e vida, quero convidar meus leitores a tentarem o caminho da poesia quando estiverem diante de grandes desafios – ou simplesmente quando quiserem ver mais beleza no cotidiano.

Esse convite se manifesta claro e inequívoco ao final de cada uma das partes que compõem esta obra. Deixei lá algumas páginas em branco com uma instrução e uma provocação. A instrução é que leiam os poemas assinalando palavras e versos que ecoem em seu coração. Mesmo que sejam palavras proibidas ou inexistentes na vida de vocês, escrevam essas palavras nas páginas em branco. Um poema é filho de três mães – da palavra escolhida, da palavra necessária e da palavra inocente. Então é chegado o momento da provocação: proponho que escrevam um poema (ou vários!) usando as palavras selecionadas. Sem pudores, sem medo do erro ou da inadequação. Na poesia não há certo ou errado: há o que somos, derramado em pensamentos e palavras, com a liberdade da nossa inocência.

Aos que se sentirem confortáveis para compartilhar seus escritos, peço que o façam no perfil no Instagram @anaclauquintanaarantes com a hashtag #hojesoupoeta.

Espero que todos se descubram os poetas que intimamente, secretamente, já somos.

Espera

Terra fértil,
semente boa,
sol ameno,
chuva breve.
Espera.

Primeiro socorro

Meu primeiro livro foi lançado em 2012, no dia do segundo aniversário da morte do meu pai, 12 de maio. Foi um livro de poesia. Era uma tarde bonita, dentro e fora do meu coração. Cheguei na livraria cedo, havia o meu lugar de dar autógrafos, havia um coquetel bonito, havia amigos que decidiram prestigiar meu dia de maior alegria – ver meu livro dedilhado pelas mãos de tantas pessoas queridas. Depois, a gerente da livraria quis me conhecer – disse que as vendas tinham sido um grande sucesso para uma escritora novata que lançava poesia: 102 exemplares.

Eu tinha esperado muito por aquele dia.

Lembro que fiquei numa alegria imensa. Daquela que potencializa a gente para lidar com qualquer cantiga triste.

Segui a vida banhada nessa realização. Naquela época, eu trabalhava no Hospice – a unidade de cuidados paliativos exclusivos do Hospital das Clínicas da Faculdade de Medicina da USP, onde conheci uma aluna de medicina, a Maurilene. Ela estava na formação em Belém do Pará e, ao final do seu estágio, presenteei-a com meu livro de poesia. Antes de fazer medicina, ela havia completado o curso de artes cênicas – o que me fez pensar que poderia compreender tudo o que eu sentia sobre a arte.

O tempo passou e um dia recebi uma mensagem dela pedindo autorização para usar meu livro na sua pesquisa do trabalho de conclusão do curso de medicina. Disse que me contaria os detalhes assim que terminasse.

A ideia inicial de Maurilene para seu trabalho era avaliar o impacto da música no alívio da dor, na qualidade de vida, na escala de depressão e no índice de esperança de pacientes com diagnóstico de câncer avançado e recebendo cuidados paliativos. Ao ler meu livro, pensou em acrescentar a poesia à sua pesquisa. A música continuava central para o trabalho, mas Maurilene teve a ideia de gravar em áudio os meus poemas e utilizá-los em um grupo placebo, ou seja, de pacientes que não seriam submetidos à música.

Acabou que o grupo placebo não foi tão placebo assim.

Logo nas primeiras medições, o orientador percebeu que o grupo da poesia mostrava sinais de resposta muito expressivos. Foi quando ele e Maurilene decidiram fazer um novo desenho do trabalho: haveria dois grupos de intervenção – um de música e outro de poesia, com status igual, que seriam comparados com o grupo placebo "pra valer", sem intervenção nenhuma (no máximo, um bate-papo trivial com os pacientes).

Como escrevi antes, Maurilene gravou o áudio da leitura do meu livro de poesias – foi um aspecto belíssimo desse estudo –, e ele então se tornou inclusivo. As pesquisas envolvendo poematerapia em geral exigem que os versos sejam lidos – e isso exclui os analfabetos. Naquele estudo, porém, o fato de a poesia ser ouvida fez dela um instrumento muito potente de intervenção. Deu-se uma mágica estatística: o impacto positivo de escutar poesia resultou em alívio da dor, melhora da qualidade de vida e redução de escala da depressão tanto quanto a exposição à música. Mas houve um resultado mais bonito: a poesia revelou-se superior à música em se tratando de elevar o índice de esperança dos pacientes.

No primeiro artigo internacional que cita meu nome, eu não fui a pesquisadora – fui a intervenção da pesquisa. E comprovar que minhas palavras escolhidas poeticamente podem ser utilizadas como fonte de esperança para pessoas a quem a esperança pode ter sido negada foi uma linda descoberta.

Um pensamento novato vagueava
em mar aberto.

Cansado,
fez um porto numa ilha-oásis
e toma sol repousando
sobre uma nova lembrança.

Na poesia que me faz lua

Mutante, molda meu corpo
e me contorna, me torna
minguante de dor, (re)nova, me
cresce e brilha no peito, cheia.

Logo vou te encontrar.
Mas a dúvida vai além de saber com que
 roupa eu vou.
Qual o sorriso que me cobre?
Preciso escolher que palavras vão estar na
 minha boca além do tom do batom?
Qual a cor da minha voz quando eu for dizer
 teu nome?

A única coisa que já me escolheu
foi o brilho dos meus olhos... esse já está
 em mim.

Mas o que mais me inspira é escolher com
 qual coração eu vou.

Posso levar meu coração partido e te pedir:
conserta.
Mas esse não me serve mais.
Posso levar meu coração cheio de abismos
   e te pedir:
salva-me.
Mas esse está muito velho.
Pensei até em levar meu coração criança
   e te pedir:
ensina-me.
Mas esse está muito pequeno.

Experimentarei meu coração vazio:
tem espaço e uma linda vista.
E te convido, entra.

Perdida de mim,
ando sem rumo.
Depois que voltei do seu abraço
não sei mais de onde venho.

Eu tenho um pensamento que chama
Você
E toda vez que chamo
Você
O pensamento vem
E cada vez que o pensamento chega
Eu penso que quem chega é
Você

Medo?
Você não faz ideia do que fazer
quando fazer alguma coisa é uma
 emergência.

Notícias do cotidiano:

1. Tem chovido quase todos os dias.

2. O outono está deixando o trânsito meio ruim, mas as árvores fazem um show à parte, derramando as flores que transbordam no alto das suas cabeleiras.

3. Parece que a temperatura na capital tem andado estável. Começa o dia a 18°C, mas sabemos que na Cantareira e no Morumbi fica um pouco mais frio mesmo.

4. A manchete que mais aparece na verdade é a que está estampada no meio dos meus olhos: sinto sua falta.

Todo dia

na primeira página do dia.

Dia longo. Minimamente percebido,
sem movimento, sem som.

Dia esfinge com sua pergunta imóvel
emerge do meu templo
no seu
tempo.

E devora, seu tempo que me demora.

O que fazer com uma alma
indócil
insatisfeita
que sempre deseja algo de "extra"
nesses dias tão ordinários?

Eu queria dormir como uma semente.
E ser apenas uma promessa
do que eu seria
se germinasse.

Eu queria ter ouvido como uma mentira
  o que atiraras uma vez mais,
    do que e como tens
      andado a cantar.

Faz sol. Faz chuva, faz sol, faz chuva.
E o pensamento fica perdido do lado de
 dentro. Gosto.

Prefixos

Tenho um pré-sentimento
de dias muito longos
Uma noite com um pós-sentimento
que des-colore os dias e
dolore o sonho.

A vida segue.
E eu, cega, a vida sigo.
Estrela guia perdida, para onde foi?

Para onde me levam os caminhos?

Respiro,
inspiro a vida
que me testa
e me resta a dor
de ser areia,
infinita e pequena.

Quanto tempo?
A vida.

Aquela que falta.
Luto, eu luto.

Mãe
Pai
Quanto de ausência cabe em três letras?

Qualquer tempo
depois de não ser mais pronunciada
sempre vai parecer o dobro.

Dobro do tempo,
dobro de morte,
de dentro, dobro a vida.
Não apaga a luz.
Não é medo.
Só não gosto.
Só, não gosto.

Fé na espera que não te traz o que se espera.
Espera pela fé que te traga o que vale a pena.

Diagnóstico de paciência.

Tem dia que não tem dia. Só noite.
E ainda assim tudo é tão claro.

Onde ficaria essa luz que vejo tão
   brilhantemente apagada?

Lugar das palavras escolhidas

-
-
-
-
-
-
-
-
-
-
-
-
-
-
-
-
-
-
-
-
-

#hojesoupoeta

Linhas pares

Depois das chuvas, as máscaras que ficam são só aquelas que pertencem à nossa pele.

E já não se sabe o que são os olhos, o que são os olhares.

Posologia poética

Me explica o que você quis dizer nesta poesia?
Tem poeta que se ofende com essa pergunta. A poesia diz o que precisa ser dito, diretamente, objetivamente. E eu vivo essa inquietude nos meus dias mais científicos.

"Doutora Ana, meu pai está morrendo?"
"Sim, está."
Muitas vezes, é a única resposta sensata que eu posso dar. Então o filho conta que, toda vez que ele fazia essa pergunta a outros médicos, a resposta era: "Olha, a situação dele é grave, difícil, blá-blá-blá..." E eu disse simplesmente:
"Ele está morrendo. Só não sei quanto tempo vai durar esse processo de morte."
Conversei com aquela família e ajustei as intervenções, as medicações, as dosagens. A paz passou

a reinar naquele quarto de hospital – reinou tanto que o paciente melhorou. Quando ele se acomodou na poltrona, foi uma comoção na ala da semi-intensiva. "Na poltrona? Como?", houve quem perguntasse. Falei: "Se ele pode dar conta de fazer diálise, por que não pode sentar numa poltrona?" Sentado na poltrona, o homem falou com o neto, riu, quis experimentar sorvete, deu risada da face de surpresa do filho, da alegria do neto em dividir o sorvete com ele... A vida é tudo isso.

Logo que cheguei no quarto, o filho me puxou para um canto e perguntou: "Nossa, doutora, mas você não disse que ele estava morrendo?" E eu:

"Sim, mas aproveite a vida que ainda transborda por aqui."

As pessoas me perguntam como eu explico a melhora, e eu digo a elas que não façam perguntas; que aproveitem os fatos que a vida nos oferece no lugar de respostas. A vida é para ser vivida, a poesia é para ser a vida.

Poesia (modo de usar): não explique, compreenda.

Era uma vez um menino mágico chamado
 Tédio.
Ele tinha o dom de multiplicar o tempo.
Sempre que ele estava presente o tempo
 duplicava.
Mas ele não sabia o que fazer com tanto
 tempo.

A menina mágica se chamava Prazer.
Ela tinha o dom de engolir o tempo.
Sempre que ela estava presente o tempo
 desaparecia.

Hoje sonhei que havia alguém Divino,
um anjo de asas fluidas,
que fazia o tempo se demorar na menina.

Vida estranhamente feliz, esta.

Uma dor estranha e desconhecida retorna.
Numa noite clara, o sorriso da lua guia um ser
   ferido
que volta cego de seu exílio.

Chega de mãos secas
de onde nunca foi bem-vindo.

Uma dor que me reabre a carne morna,
remove meus ossos frágeis
e anoitece (de novo) meus olhos sem luz.

É meu coração, de volta ao peito.

A vida vira.
O chão foge, o céu desaba.
Tudo cai.
Acaba.
Você pira.
Para.
Respira.
A poeira abaixa.
O sol brilha.
Recomeço:
é quando a vida volta.

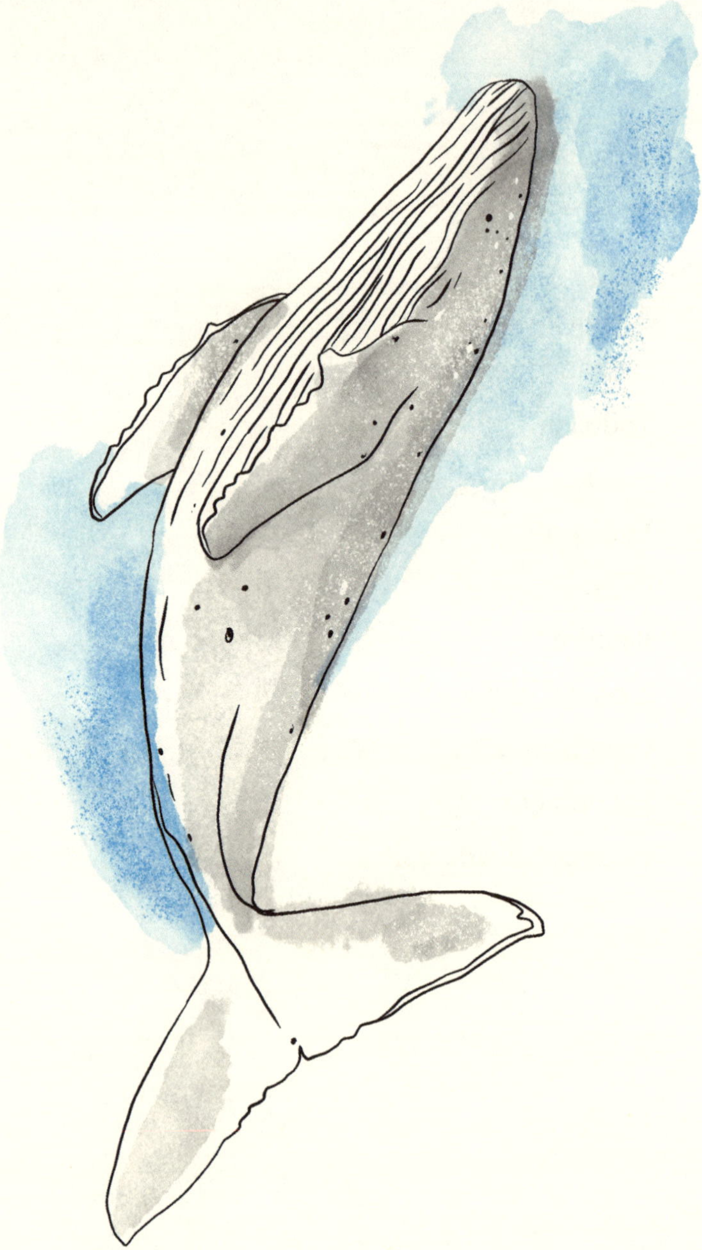

E nesse vestido dolorido
me revelo leve, e danço
na música suave que vem do mar aos
   meus ouvidos.

E minha alma deixa
a dor desvestida em um canto do quarto.

Moro num edifício esguio e macio
de carne-osso e olhos-vida.

Se o mar quiser estar na minha vista,
eu sempre vou ter vista para o mar.

Caminhar

Cada relógio
tem uma duração
diferente
entre um minuto
e o seguinte.

Cada espaço tem uma distância
diferente
entre o primeiro passo
e a chegada.

Cada um no seu tempo,
cada um no seu passo.

Cada caminho,
uma vida.

– Vai?

– Sim.

– Como ela sabe?

– Eu estou sempre certa.

(depois da expiração, inspiração)

A moça da poesia está sempre certa.

Sonho que estou perdida em uma estrada que desconheço. Uma pessoa passa por mim e pergunto como chegar a algum lugar que não sei qual é.

"Pergunta pra moça da poesia", diz a pessoa. "A moça da poesia está sempre certa."

Levo o sonho à terapia. Estou intrigada. A terapeuta tem uma interpretação. Bonita.

"Ana, você precisa ir para o mundo da metáfora. É na metáfora que está a poesia."

Olho para o sonho e nasce a poesia.

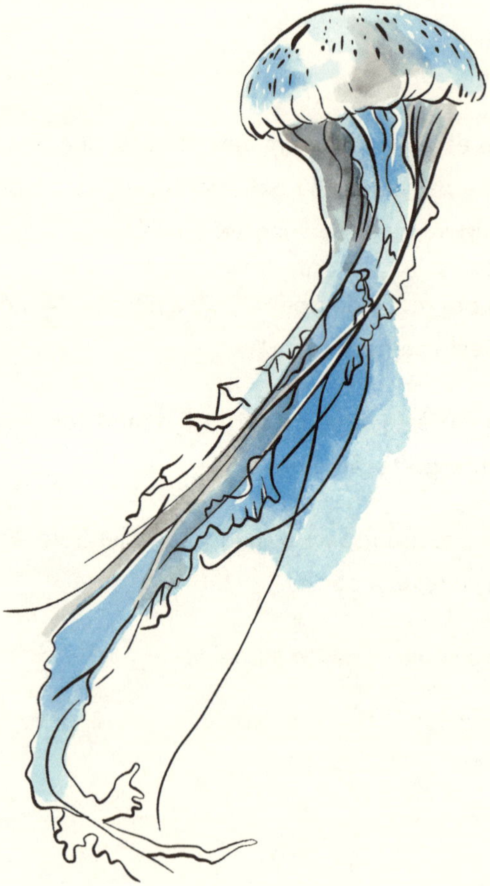

Hemiplegia

Um amor vazio numa parte esquecida de mim
formigando,
queimando,
dolorido.

Olho e não vejo.
Dor fantasma,
amor fantasma.

Vida que às vezes fica aleijada.
Meio viva, meio morta.

Às vezes a vida parece estranhamente perdida e feliz.

Inexorável.
Vida,
sou
sua,
uma
única
grande
pequenina
habitante.
Inexorável ser,
sendo
uma
de
cada
vez.

Eu precisava chorar,
mas o dia já quase acaba
e não vai dar tempo.
Chorar leva tempo
e o dia não vai esperar.
Amanhã é domingo
e não é dia de chorar.
Nem hoje,
que já está acabando.
Quase.

O dia,
o medo,
a dor,
o pesar.
Tudo já está quase
acabando.
Talvez um dia,
se der tempo,
eu chore.

Sobre presentes e memórias

Todos os meus dias que morreram deveriam
descansar em paz, sete palmos abaixo do
   tempo em
que vivo, no céu dos dias vividos.

Mas não raro algum dia,
Entre tantos de ontem,
Insatisfeito com sua existência transitória
Insiste em reencarnar sem motivos aparentes.

Só um dia nasceu hoje e vai morrer
   protagonista.

Inédito, incomparável.

O céu está deserto.

Nenhuma nuvem para conversar.

Azul sozinho.

Foi há um tempo, depois de ter superado um grande dilema da minha vida. Eu finalmente estava em paz (num céu azul, voando livre e segura). Então ligava para os amigos.

"E aí, vamos fazer alguma coisa juntos? Um cinema, um restaurante, uma praça para ver o pôr do sol..."

Do outro lado, um silêncio meio surpreso. Preocupação.

"Você está precisando de alguma coisa?"

Não, eu não estava precisando de nada. Só de um amigo para compartilhar minha serenidade alegre.

Sendo assim, ninguém podia. Caso eu estivesse mal me acolheriam, mas se estava bem tinham a mãe para atender, o filho para levar não sei aonde, o trabalho para entregar.

Descobri: eu não tinha amigos para conversar sobre aquela paz. Estava construindo minhas amizades com base nos problemas que tinha (as nuvens) e não na alegria de viver (o céu azul e tranquilo).

O céu lindo é solitário.

Com o tempo, fui refazendo minhas amizades. Ficaram as que acolhiam o meu bem-estar, e nelas eu fluí.

Mesmo porque as pessoas tristes não dão conta da cantiga da alegria.

Só e quem tem tempo
sabe quanto só
o tempo é
e de quanto tempo
é o tempo que dura
estar só sem estar.

Improvável poema

Um poema é algo mutável
quando aparece, não existe,
mas já era antes.
Mas então, de repente,
não acontece.
Esconde-se sob uma esquina,
observa.
Insinuado numa outra voz,
disfarçado atrás de um olhar
ou até vindo
de um tempo sem lugar.
Um poema é vestido de silêncios,
mas sua pele nua
sugere a vida na morte.
Parece calar,
mas, entre as linhas, gritos e sussurros
suas sobrepostas letras soletram.

Um poema é mar, ondas vagas de tinta,
cheio de brancos.
Um poema é sal, de mar e de lágrimas.
Inspira e suspira leveza... ou tristeza.
Um poema pulsa nas mãos que vivem ou
    matam,
em mistérios comove-se
e perde suas palavras,
que nascem, fielmente livres,
para sempre.
Um poema é um sonho
de um artista inconfessável
intimamente calado,
ao menos em parte.
Um poema é apenas um milagre
pois até viver
parece impossível.

No meio solitário
cercado de vazios
solitários,
a luz de fora invade
os olhos
e os pensamentos.

O que se faz lá fora?
Sem saber onde moram
meus sonhos,
a janela é um asilo político
para os olhos.

Numa noite dessas, um sonho bem pequeno
  começa a crescer silencioso dentro da
  gente. E cresce, cresce.

E quando se vê
o sonho é quem realiza a gente.

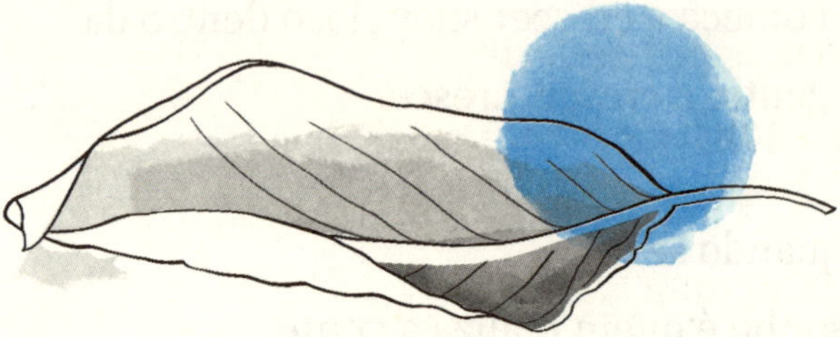

Uma nova vida acontece.
Todas as possibilidades,
uma única escolha:

Entregar-me.

Lugar das palavras necessárias

-
-
-
-
-
-
-
-
-
-
-
-
-
-
-
-
-
-
-
-
-
-

#hojesoupoeta

A menor

distância entre nós

Flores mínimas.
Estão por aí.
É só olhar.
E ver.

O poeta carteiro

Pablo Neruda e Mario estão diante do mar. O poeta está sentado na areia, o carteiro em pé. Para mim, e para muita gente, é a cena mais maravilhosa do maravilhoso *O carteiro e o poeta*, filme que trata com delicadeza o exílio do grande artista. Na trama, perseguido politicamente em seu país, o Chile, Neruda se refugia em uma ilha italiana. Lá, o volume de correspondências que recebe é de tal magnitude que um novo carteiro é contratado para levar-lhe as cartas. Nasce uma amizade improvável que, a certa altura, desemboca na minha cena preferida.

Neruda (Philippe Noiret) convida o carteiro Mario (Massimo Troisi) a sentar-se a seu lado. Então, para exaltar a beleza do lugar, começa a declamar um poema cujos versos vêm e vão, no mesmo ritmo constante das ondas que quebram na areia, batem na pedra, refluem e recomeçam seu movimento interminável. Um poema que, em essência, copia o ritmo das marés.

> *Aqui na ilha*
> *o mar*
> *e tanto mar*
> *transborda*
> *a cada instante*
> *diz que sim, que não,*
> *que não, que não, que não,*
> *diz que sim, no azul,*
> *na espuma, no galope,*
> *diz que não, que não. [...]**

Quando termina de declamar, Neruda pergunta ao carteiro o que achou. "Estranho", diz o rapaz, amassando o boné nas mãos. Neruda se espanta: que crítico severo é o carteiro! E este corre a explicar: "Não, o estranho não é a poesia, é como eu me senti enquanto você recitava."

---

* *Poemas de Pablo Neruda para jovens*, trad. de Marília Garcia (Nova Fronteira, 2021).

Neruda tenta explorar o sentimento de seu jovem amigo. Com seu jeito simples, o carteiro fala do movimento das palavras, imitando o mar. "Eu me senti mareado", tenta pôr em palavras, mas se atrapalha, achando difícil explicar as profundezas do alcance do poema. Até que consegue: "Eu me senti como um barco balançando em volta de todas essas palavras", diz.

Neruda se surpreende.

"Sabe o que você acabou de fazer, Mario? Uma metáfora!"

Mario fica tímido diante do poeta. Os dois já vinham conversando sobre a beleza das metáforas, Neruda acreditando que o carteiro era, ele próprio, um poeta, e o carteiro desacreditando-se de sua condição poética.

"Não vale, porque [a metáfora que criei] não foi intencional", ensaia Mario, logo cortado por Neruda, que lhe diz que a intenção não é importante. "As imagens nascem espontaneamente."

Mario está perplexo. "Quer dizer então que o mundo inteiro, com o mar, o céu, a chuva e as nuvens, etc., que o mundo inteiro é uma metáfora para outra coisa qualquer?"

O poeta reflete por alguns instantes e não

encontra o que dizer. Levanta-se e diz que tomará um banho de mar. A resposta ao carteiro, esta só se dará amanhã. É complexo lidar com a simplicidade da poesia quando ela nasce... Precisamos de tempo para poder responder ao seu encanto.

Mas Neruda sabe: Mario fez poesia. A poesia está em toda parte, disponível para todos nós.

E chega um dia em que o sol nasce
na hora exata em que seus olhos
encontram o horizonte.

E você sabe que sabia.

Pega na minha mão,
me leva
pelos caminhos
da tua memória,
passeia comigo nela.

Me mostra
onde eu vivo viva
dentro de você.

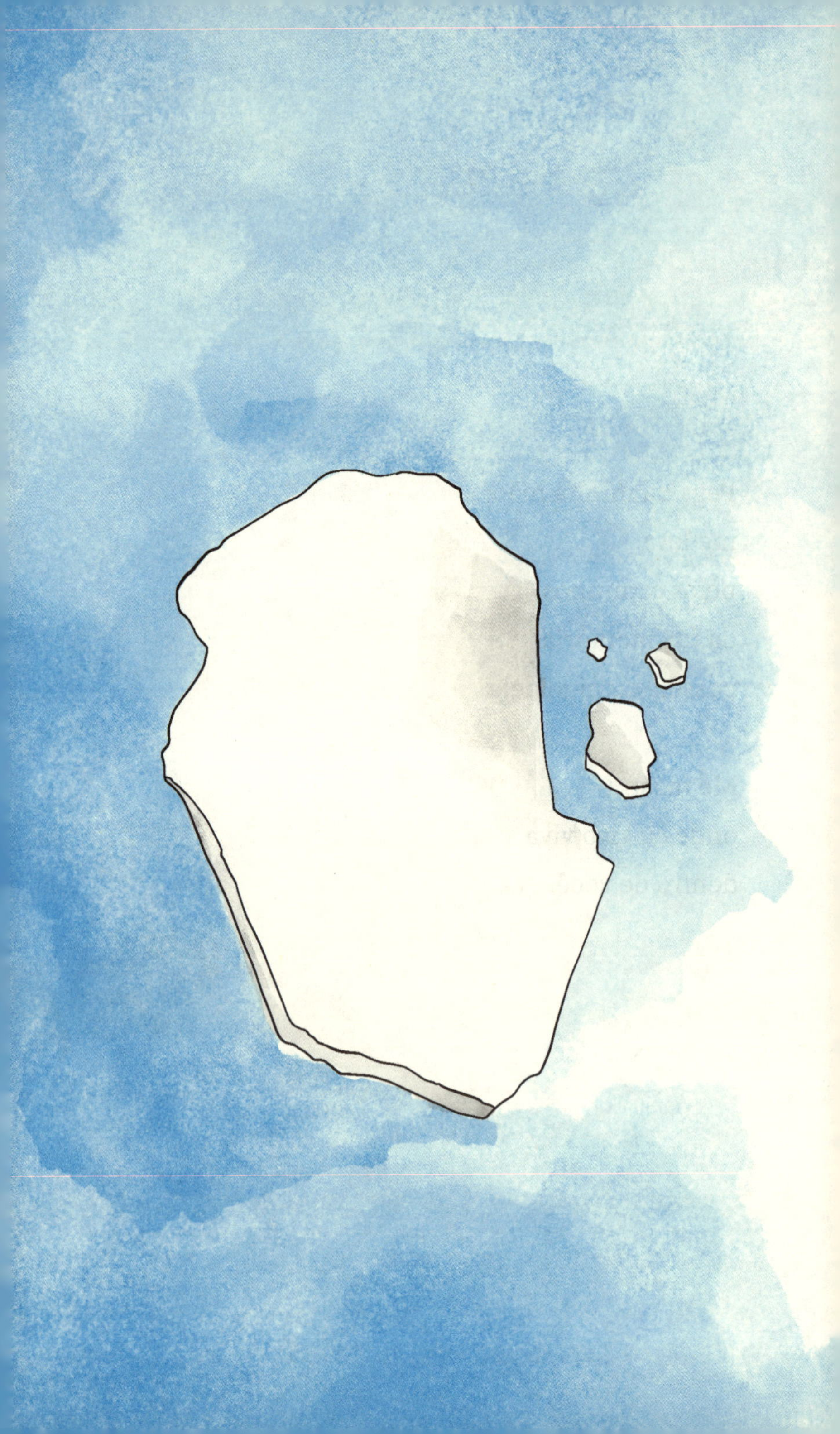

Coração no mar

Te proponho hoje
uma ponte construir
que possa enfim unir

sem culpas
nem desculpas

teu olhar pacífico
com meu
coração atlântico.

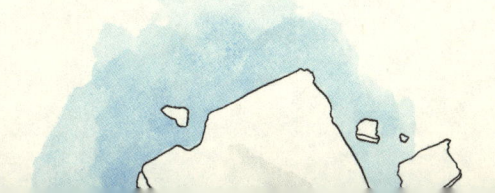

Meus versos possíveis salvam palavras, tons
e só o silêncio tem em si a rima.

Hoje eterna,
a dor que me cura é inteira como a morte.

Minhas asas te faltam.

O teu silêncio sopra
dentro de mim
vento forte
que me espalha as lembranças
e desordena as palavras.

Fecho os olhos
com a força do vento,
não encontro mais palavras.
Como me lembrar
por que teus olhos existiram?

E chega enfim
o tempo em que não posso mais ouvir nada
além do teu silêncio.

Gratidão por esse vento emudecido,
que grita alto em mim e me espalha
numa desordem que vai e
me busca em resgate, salva-me
há tempos e já posso me dormir.

Não consigo mais te pensar.
Começo a esquecer?

Receita de bem-estar:

Noite livre.

Livro de contos da Adélia Prado.

Aperol spritz.

Bolinho de bacalhau.

Sofá.

Ausência de dores articulares.

Coração em paz.

Se você não entende,
eu não te explico.

O que não te cabe
jamais há de compreender.

Aquilo que sufoca
é o que transborda.

Abre a janela, entra.
Não fica, vive.

Perdida entre linhas,
nem clamo ou suplico.

Não me salve.
Seja qual for a dor,
se não vira passado,
poema vira.

Não importa a altura da torre, tem teto.
Depois de toda a profundidade do poço,
 tem chão.

Escolha a viagem,
a mais longa
para o espaço ao seu alcance
ou, no mais distante, escolher voltar.

Na velocidade da luz, permanecer.
Na profundidade da água, respirar.
No olhar do horizonte, caminhar.

Apesar de infinitas voltas, o lugar mais
desconhecido e misterioso fica sempre
 dentro de nós.

Mundo dentro
Mar
Silêncio
Peso
Sem ar
Correnteza
Profundeza
Beleza
Profundeza
Correnteza
Sem ar
Peso
Silêncio
Mar
Mundo dentro

Outro sonho.

Da beira de um abismo, caio no mar revolto. Afundo. A água é turva, não vejo nada quando abro os olhos submersa. Vou morrer.

E então, se é para morrer, que seja logo – penso. E decido respirar dentro d'água para encher logo os pulmões e me entregar à morte.

Respiro. Sinto a água entrando pelas narinas bem abertas. E de repente descubro: sei respirar debaixo d'água. Não só sei respirar, como minha expiração líquida vai limpando a turbidez da água ao meu redor. O mar vai ficando claro e limpo. Sob mim vejo a areia branca; olho para o alto e vejo o sol brilhante, filtrando seus raios através da água límpida.

Ninguém vai acreditar, mas eu sei respirar debaixo d'água. E num instante luminoso entendo o que está acontecendo comigo. A água é a emoção, e eu sei respirar dentro da emoção.

Acordo com o mundo dentro de mim. Tenho poder sobre ele.

Mar sem margem,
Lua a pino, sem sombra.
E eu, areia em branco, sou toda água.

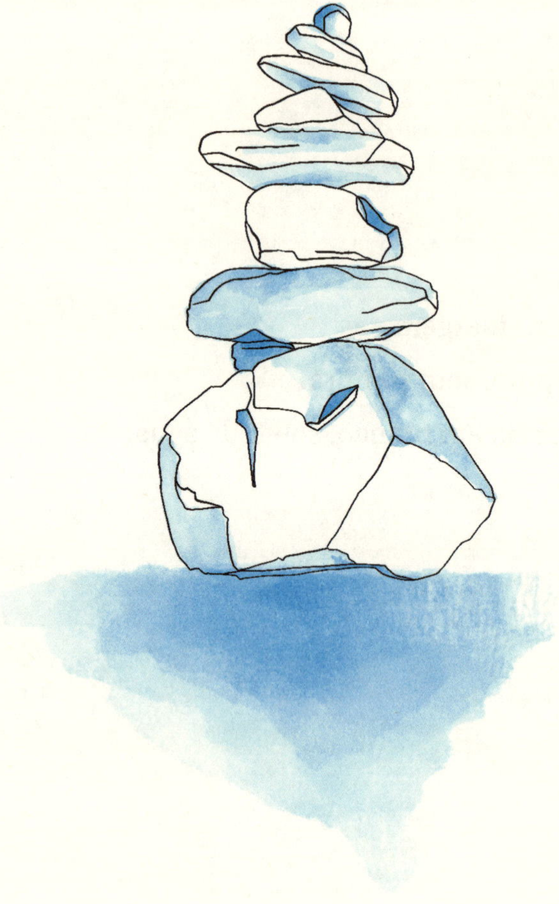

Cabeça sobre o tórax
Tórax sobre o abdome
Abdome sobre a pelve
Pelve sobre as pernas
Pernas sobre os pés
Pés sobre a terra

O sol no céu e no peito
Tudo no lugar

Se tudo fosse Amor
então o Universo
seria um verso.
A poesia escrita
em todas as linhas
descreveria planetas
novos,
estrelas
nascentes
a rodopiar
por séculos
em novas trajetórias
livres,
nunca mais mecânicas.

Toda estrela girando,
dançante nas bordas dos buracos negros,
descreveria trajetórias certas e errantes de
tantos nossos bilhões de seres (quase humanos)
que sabem que amam
mas não sabem que versam.

A poesia vive por
dentro de mim.
É ela que mostra minha pele,
como se
estivesse tatuada
por entre as linhas
das minhas mãos
e se me vissem
pelo avesso,
eu seria palavra,
essa que tem o corpo como
um verso.

Um lenço azul.
Uma cicatriz ou duas.
O mar, verde-escuro.
O sol e só.

Aprendendo

Se não der para fazer tudo,
a gente faz tudo o que pode.
E, no fim, fica melhor
do que se tivesse
feito demais.
Porque tudo
o que é demais
sobra.

E a sobra é
sempre
menos importante
do que aquilo que falta.

Sempre.

Pés que param.
Pensam.
Não há caminho que não ande.
Seja onde for,
chegamos.

Lugar das palavras inocentes

-
-
-
-
-
-
-
-
-
-
-
-
-
-
-
-
-
-
-
-

#hojesoupoeta

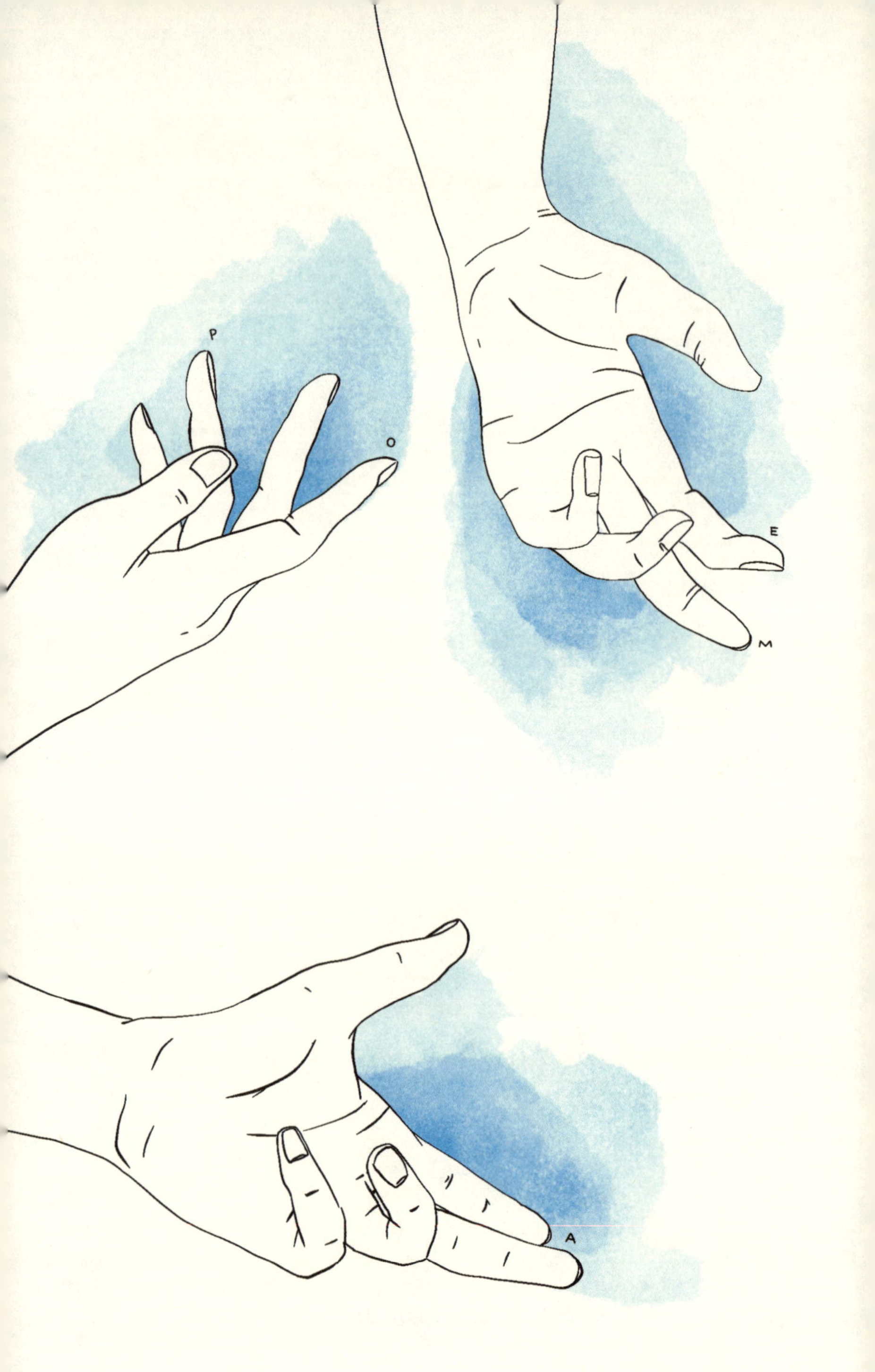
P
O
E
M
A

Convite

A poesia está disponível para todo mundo. O que nos une é a linguagem, e se existe linguagem então existe uma forma de reconhecer a nossa realidade.

Espero que, a esta altura, depois de ter escrito seus versos nas páginas que espalhei por este livro, você tenha descoberto não apenas que é poeta, mas também o poder restaurador da poesia.

Meu convite é: não pare por aqui. Não deixe morrer esse impulso criativo que pode nascer do sofrimento, mas traz alívio e vai pavimentando o caminho até a alegria possível para cada um de nós.

Quando sentir dor, ou quando sentir júbilo, pare. Respire. Sente-se diante de uma folha de papel, com lápis ou caneta na mão. Escreva, do seu jeito, com as suas palavras, os detalhes em carne viva, sem medo de reviver ou reavivar a dor passada ou presente. Escreva, do seu jeito, com as suas palavras, a anatomia do seu contentamento, como se quisesse, ou como se fosse possível, capturar a felicidade.

Alegre ou triste, faça poesia.

Coisas incríveis acontecerão.

Eu sei, porque a moça da poesia está sempre certa: a poesia é o caminho que se oferece aos nossos pés quando parece que o chão desaba. E está disponível para todo mundo.

Conheça os livros de Ana Claudia Quintana Arantes

A morte é um dia que vale a pena viver

Histórias lindas de morrer

Pra vida toda valer a pena viver

Mundo dentro

Para saber mais sobre os títulos e autores da Editora Sextante,
visite o nosso site e siga as nossas redes sociais.
Além de informações sobre os próximos lançamentos,
você terá acesso a conteúdos exclusivos
e poderá participar de promoções e sorteios.

sextante.com.br